ALLOCUTION

Prononcée dans l'Église Saint-Pierre de Mâcon,
le 28 décembre 1887

PAR

Monsieur l'Abbé PERROTIN

Curé-archiprêtre de Saint-Pierre

A L'OCCASION DU MARIAGE DE

Monsieur CHARLES MÉHU

ET DE

Mademoiselle FÉLICIE PROTAT

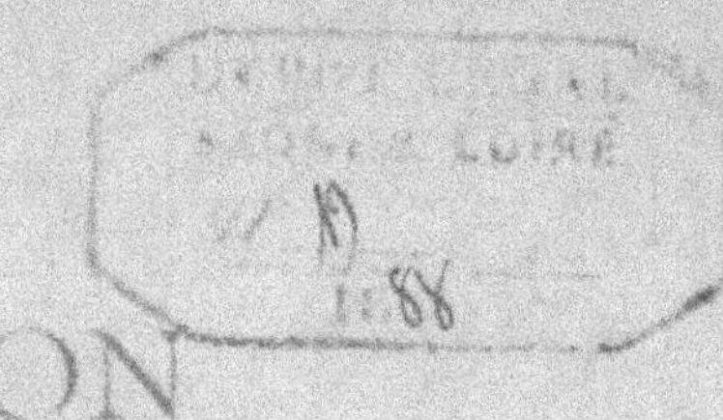

MÂCON

IMPRIMERIE PROTAT FRÈRES

1888

ALLOCUTION

Prononcée dans l'église Saint-Pierre de Mâcon,
le 28 décembre 1887

PAR

Monsieur l'Abbé PERROTIN

Curé-archiprêtre de Saint-Pierre

A L'OCCASION DU MARIAGE DE

Monsieur Charles MÉHU

ET DE

Mademoiselle Félicie PROTAT

MÂCON

IMPRIMERIE PROTAT FRÈRES

1888

Avant de vous donner la bénédiction nuptiale, qu'il me soit permis d'unir ma prière à celle que vos parents et vos amis adressent à Dieu pour votre bonheur, et de vous souhaiter, en union avec eux, tout le bien que vous vous souhaitez à vous-mêmes.

Daigne Notre Seigneur vous bénir selon vos vœux, fortifier les aspirations

de vos cœurs et confirmer par sa grâce
le mutuel amour que vous allez vous
jurer pour la vie aux pieds du saint autel !

Toutefois, chers enfants, nous ne
devons pas oublier que le mariage est
une chose sainte, et qu'en regard des
intérêts de la vie présente, de la fortune,
de l'honneur humain, l'époux et l'épouse
ont à mettre, avant tout, les considéra-
tions de la vie à venir. Ils doivent se
rappeler que le mariage chrétien est,
comme dit saint Paul, un grand sacre-
ment dans le Christ et dans l'Église :
grand par la préparation sérieuse que les
époux doivent y apporter ; grand par la
sainteté des dispositions dans lesquelles

ils sont appelés à le recevoir; grand,
enfin, par la direction chrétienne qu'il
doit imprimer à tout le cours de leur vie.

C'est dire que les époux se doivent
mutuellement la plus grande affection,
une foi constante, une réciprocité de
bons égards et de généreux dévouement.
Le mari est le prince de la famille et le
chef de la femme, selon l'expression de
nos saint livres; mais il est nécessaire
que son autorité soit douce, attentive,
paternelle, pour mériter d'être obéie,
d'être aimée.

La femme, elle, doit être soumise au
mari et lui prêter obéissance, non
comme étant sa servante, mais comme

étant sa compagne, son amie, sa sœur,
de telle sorte que son obéissance, loin de
porter atteinte à sa dignité d'épouse,
l'élève au contraire, augmente son pres-
tige et la constitue reine au foyer domestique, reine en bonté, en vertu, en
dévouement.

Alors celui qui commande et celle qui
obéit, dans la famille chrétienne, repré-
sentent, l'un Notre Seigneur Jésus-Christ,
et l'autre son Église ; ils n'ont ensemble
qu'un cœur et qu'une âme ; ils vivent
en communion d'idées, de sentiments,
de vertu, et leur bonheur semble avoir,
sous la bénédiction de Dieu, quelque
chose de la félicité primitive.

Monsieur, Mademoiselle, vous avez
compris ces enseignements de notre foi,
et voilà pourquoi vous êtes venus dans
cette Église de Saint-Pierre, où se sont
déjà célébrées les fêtes de votre baptême
et de votre première communion, célé-
brer la troisième grande fête de la
famille, la fête du mariage chrétien.
Vous y êtes venus joyeux, après avoir
préparé vos âmes devant le Seigneur, et
appelé sur vous une bénédiction d'ave-
nir. Vous y êtes venus accompagnés de
ce nombreux cortège de parents et
d'amis, qui forment autour de vous, à
l'heure qu'il est, une couronne de si
affectueuse sympathie, et s'estiment heu-

reux de mêler dans l'union des cœurs leurs vœux et leurs prières pour votre bonheur. Vous y êtes venus vous jurer une foi solennelle devant le Dieu qui réjouit la jeunesse, et vous promettre, la main dans la main, de vous soutenir tout le temps de votre pèlerinage sur la terre, le fort aidant le faible, le faible au besoin devenant le fort, et vous encourageant l'un par l'autre à être chrétiens ensemble, et à mériter ensemble les bénédictions de notre père qui est au cieux.

Comment donc pourriez-vous ne pas avoir la meilleure espérance ? Enfants de la même ville, vous avez reçu de vos proches tout à côté l'un de l'autre, avec

le bienfait d'une bonne éducation, le
même héritage de piété et d'honneur,
les mêmes exemples de vie sérieuse, de
vie chrétienne, au sein de vos familles
toutes deux des plus dignes et des plus
honorables.

Vous, Monsieur, je n'ai pas à faire
votre éloge. Je ne parlerai pas de votre
amabilité de caractère, de votre piété
filiale envers votre père et votre mère,
de votre assiduité au travail, de vos
efforts généreux pour atteindre le but
désiré dans la belle carrière que vous
avez choisie. Mais je suis sûr que vous
aimerez votre épouse comme la compagne
de votre vie, comme votre charme, votre

trésor, et que vous aurez pour elle la meilleure, la plus tendre affection.

Pour vous, Mademoiselle, vous ne serez pas davantage en retard de bonne volonté dans votre vocation d'épouse. Vous n'aurez qu'à faire appel aux amabilités que Dieu vous a mises au cœur, à la dignité simple et bonne qui vous caractérise, à la douceur et aux charmes de votre vertu, à l'aimable et solide piété qui a été l'ornement de votre jeunesse dans la pieuse famille des Jeunes Economes de nos paroisses, et qui sera, nous en avons la douce confiance, votre couronne de femme chrétienne. Vous n'aurez qu'à vous souvenir des leçons

et des exemples que vous avez eu le bonheur de recevoir de votre père et de votre mère; de votre père, qui en ce moment du haut du ciel bénit sa chère enfant; de votre mère, qui a toujours été si bonne, si dévouée, si affectueuse pour votre frère et pour vous. Et vous comprendrez alors que la femme au foyer domestique ne vit pas seulement pour soi-même, mais qu'elle doit être la joie de son mari et l'ange de sa famille.

Et maintenant, chers enfants, que le Dieu d'Abraham, d'Isaac et de Jacob fasse descendre sur vous, à votre prière, ses meilleures, ses plus tendres bénédictions!

Qu'il daigne prêter une oreille favo-
rable à vos vœux et les exaucer par les
mérites de N. S. J.-C., qui va s'immoler
sur l'autel par amour pour vous !

Qu'il daigne combler vos pieux désirs,
et vous aimer et vous protéger pendant
votre vie, que de tout mon cœur je vous
souhaite longue et heureuse !

Amen.